La Maison de charité

(1629)

et les Sœurs de Saint-Vincent de Paul

A BAR-LE-DUC

(1697-1811)

Par E. VINCENT-DUBÉ

<table>
<tr><td>PARIS
LIBRAIRIE S^T-PAUL
6, rue Cassette.</td><td>BAR-LE-DUC
LIBRAIRIE COLLOT
15, rue Entre-deux-Ponts.</td></tr>
</table>

1910
—

La Maison de charité

(1629)

et les Sœurs de Saint-Vincent de Paul à Bar-le-Duc

(1697-1811)

La Maison de charité

(1629)

et les Sœurs de Saint=Vincent de Paul

A BAR-LE-DUC

(1697-1811)

Par E. VINCENT-DUBÉ

<table>
<tr><td align="center">PARIS
LIBRAIRIE SAINT-PAUL
6, rue Cassette, et 14, rue de Mézières.</td><td align="center">BAR-LE-DUC
LIBRAIRIE COLLOT
15, rue Entre-deux-Ponts.</td></tr>
</table>

1910

La Maison de charité

(1629)

et les Sœurs de Saint-Vincent de Paul à Bar-le-Duc

(1697-1811)

INTRODUCTION

Un mot sur les Maisons de charité. — Les Béguines à Bar-le-Duc.
— Le legs des époux Baudoux en faveur d'une Maison de charité.
— Epidémies, guerres, disette au xvii siècle. — Dévouements. —
Décisions de l'Hôtel de Ville en vue de parer aux calamités publi-
ques. — Les Missionnaires Lazaristes. — Etablissement des Dames
de charité.

Le monde païen connaissait-il la charité? Jésus-
Christ est venu l'enseigner aux hommes dans sa
perfection ; les premiers fidèles mettaient leurs
biens en commun; plus tard, devenus nombreux, ils
établirent le *xenon* — maison mère, pour ainsi dire,
de toutes les Maisons de charité — le *nosocomium* (1)
où l'on recueillait les voyageurs, les indigents, les

(1) Dans les *xenones*, on exerçait surtout l'hospitalité ; dans
les *nosocomes*, on soignait les malades.

infirmes, les malades. L'Eglise, s'inspirant des enseignements du Fils de Dieu, étendit à tous les bienfaits de sa divine charité. Elle releva la condition de l'esclave et prépara son affranchissement ; elle prit sous sa protection la veuve (1), l'orphelin, le vieillard, l'opprimé. Elle eut toujours une tendresse de mère pour le malade, surtout s'il était pauvre.

Au cours des siècles, cette charité prit des formes appropriées aux besoins des temps. On vit alors les hospices, maladreries, léproseries, distributions d'aliments, de vêtements, fondations d'aumônes pour les pauvres. Les monastères distribuaient des vivres et des secours aux malheureux. — S'ils étaient une « grande école de travail », ils étaient surtout une « grande école de charité ». — En France, Lorraine et Barrois les beaux établissements hospitaliers (2) furent en partie ruinés par les guerres du XVIIᵉ siècle, par les bandes soldatesques des Suédois, Impériaux, Croates, désignés sous le nom général de *Cravates* (3), la plupart déserteurs de toutes les armées.

D'anciens documents des XIVᵉ, XVᵉ et XVIᵉ siècles (4)

(1) Rom., XVI, 1.

(2) En voir la liste : Dʳ Baillot. *Notice sur les Etablissements de bienfaisance de la Meuse.* Mém. de la Soc. des lett. sc. et arts de Bar-le-Duc, 1873, t. III, p. 123 et suiv.

(3) « Cravate, c'est ainsi qu'on appeloit les partis ennemis », Dom Calmet, *Bibl. Lorr.*, 347. — « On appeloit communément les pilliards *Cravates des bois.* » R. P. Jean-Marie de Vernon. *Madame de Saint-Balmon*, 1678.

(4) *Arch. Meuse.* B, 700, 527, 528, etc. Pièces justificatives, I.

mentionnent, à Bar-le-Duc, une Maison de charité ou plutôt un « Béguinage » appelé « Petit Couvent », situé dans la rue qui porte aujourd'hui le nom de rue du Coq et où se trouvait, dans les temps très reculés, un Prieuré de Saint-Bernard (1). Quelques femmes s'y étaient installées dans le but de mener une vie de prière, à laquelle elles ajouteraient la visite des pauvres à domicile. Au nombre de trois en 1522, de quatre quelques années plus tard, elles vaquaient à leur mission de dévouement, sous le contrôle de l'Hôtel de Ville et de la Chambre des Comptes, sans autres ressources que le produit de leurs quêtes et les médiocres subventions de l'hôpital (2).

Elles n'étaient pas religieuses; les Béguines de Bar appartenaient au tiers ordre de Saint-François d'Assise. Elles se succédèrent en la même habitation et dans un pareil exercice durant un grand nombre d'années, puis cette petite communauté, « établie au soulagement et visitation des pauvres malades », nous dit un acte de l'époque, ne subsista pas à cause de « la malignité des temps, les dittes filles séduites et

— Louis, Cardinal, duc de Bar, leur accorda des privilèges le 11 janvier 1418. La chapelle fut consacrée le 28 avril 1462, René II ordonna, le 22 mars 1501, qu'on ne recevrait aucune fille ou veuve sans l'avis de la Chambre des Comptes et du Procureur Général. *Mémoire sur la Meuse et le Barrois*, par D. (DURIVAL), p. 248. A Nancy, chez Henry Thomas (1753).

(1) Gillant. Pouillé du diocèse de Verdun, II, 107. — L'école Saint-Jean-Baptiste occupe l'ancien Prieuré de Saint-Bernard.

(2) Konarski. *A travers le Vieux Bar*. Annuaire de la Meuse 1903, XXXVI.

subordonnées de mauvais esprit, avoient délaissé leur habitation et vocation (1). » Plusieurs d'entre elles, ayant embrassé le Protestantisme, quittèrent le logis et les pauvres furent privés de ces visites, de ces soins donnés à domicile qui constituent une des formes les plus utiles de la charité.

Par acte du 27 mai 1565, Charles III, duc de Lorraine et de Bar, donna à la Ville la propriété du Petit Couvent « pour y faire dresser une infirmerie au service des pauvres, affligés et malades, afin de les secourir et alimenter pendant leurs infirmités (2) ».

En 1629, Nicolas Baudoux, capitaine des bourgeois du Bourg, et sa femme Pierrette Chalon, touchés de voir les malheureux abandonnés dans leurs maladies, — car l'infirmerie du Petit Couvent avait été fermée en 1590 — offrirent à la Ville un immeuble qu'ils possédaient au Bourg, près du petit canal — présentement n° 50 — pour servir de Maison de charité et y établir des Sœurs de Saint-Vincent de Paul. L'Hôtel de Ville répondit le 11 juillet de la même année, en déclarant qu'elle ne pouvait s'imposer la charge d'une œuvre de ce genre, en raison de sa situation financière (3) et qu'elle n'accepterait qu'en faisant des réserves (4). Les époux Baudoux s'empressèrent

(1) *Arch. Meuse.* B., 2972.

(2) Id., *Ibid.*

(3) Le 19 juin 1633, on reconnut, en assemblée générale, que la Ville était endettée de 40.000 fr. *Bibl. municip.*, ms. 53, f° 131.

(4) Ces réserves portaient sur les frais d'installation, de nourriture, de changements des Sœurs, etc.

d'étendre leur générosité en consacrant une somme de 2.000 francs barrois, pour employer la rente de 140 francs à l'entretien de deux Sœurs, auxquelles ils demandaient de vouloir bien, en reconnaissance de cette libéralité, *ajouter à leurs prières du soir un De Profundis à leur intention, lorsqu'ils seraient passés de vie à trépas* (1).

Notre malheureuse province était alors éprouvée par des calamités de toutes sortes. De 1626 à 1628, la disette ravageait la population ; de 1630 à 1637, la guerre se joignit à la famine. Il fut impossible de donner suite au projet d'une institution stable et on dut l'ajourner (2). Le legs fait à la Maison de charité fut attribué à l'Hôtel-Dieu (3) qui tira parti de l'immeuble en le louant au prix de 125 francs par an. En 1694, c'est le docteur Longchamps qui l'occupait.

La peste avait fait son apparition à Bar (4) ; 40 personnes en moururent l'année 1630. En 1636, le nombre

----

(1) Cf. Dr Baillot, *Assistance à domicile dans la Ville de Bar-le-Duc.* Mém. de la Soc. des lett. sc. et arts, 1877, 246, t. VII.

(2) Le 22 octobre 1636, les dettes de la Ville s'élevaient à 120.000 francs. *Arch. municip.* BB, 5.

(3) L'Hôtel-Dieu se trouvait également au Bourg, à l'emplacement qu'occupe le Palais de justice actuel.

(4) Le 23 avril 1630 « on a commencé à tenir le marché aux Clouyères, à cause de la contagion ». *Bibl. municip.*, ms. 53, f° 126. — Le 26 juin 1633, Martin Cuny et Barbe, sa femme, moururent tous deux en un quart d'heure ; tous leurs enfants succombèrent aussi. *Bibl. municip.*, ms. 52, f° 37. Quelques années plus tard, les enfants surtout mouraient de la petite vérole. *Bibl. municip.*, ms. 52, f° 39, v°.

des victimes s'éleva à 2.400 en six mois (1). L'affolement était général. On ne savait plus où enterrer les morts. Le Conseil de Ville délégua deux de ses membres pour conférer avec le Prieur des Bénédictins (2), afin de déterminer l'emplacement d'un nouveau cimetière pour les pestiférés (3). Il fut convenu le 25 mai 1636 qu'ils seraient inhumés « dans les meix et jardins de la Chapelle de Monsieur Saint-Urbain qui sont assez près du cimetière de Notre-Dame, sauf indemnité aux possesseurs (4). » Le 3 octobre, on proposa d'établir une *Confrérie de l'Ange Gardien* et la Ville fit célébrer *une quarantaine* de Messes pour supplier Dieu de délivrer la cité du fléau (5); elle fit appel à tous les dévouements pour soigner les malades pauvres qui tombaient chaque jour victimes de l'épidémie. Nos religieux n'avaient pas attendu cet appel pour se proposer. Un laïc même, M. Grolou,

(1) Il mourait chaque jour 20 à 25 personnes ; 800 Suisses enterrés hors de la Ville, dans les jardins Saint-Urbain, furent du nombre. *Bibl. municip.*, ms. 53, f° 136. — *Arch. municip.* BB, 5.

(2) On sait que les Bénédictins occupaient le Prieuré Notre-Dame et que Notre-Dame était la seule paroisse de la Ville.

(3) *Arch. municip.*, BB, 5.

(4) Id., *ibid.*

(5) « En ce jour le Conseil de Ville, pour appaiser la maladie contagieuse et ire du Grand Dieu, a donné charge aux officiers de Ville de faire dire une messe de la Vierge, chaque jour au grand autel de Notre-Dame, pendant laquelle on dira les collectes de saint Sébastien ou saint Roch, et continuer icelle jusqu'à ce qu'il aura plu à Dieu nous délivrer de la maladie contagieuse. » *Arch. municip.* BB, 5.

avait, le 15 août précédent, dit adieu à sa famille et à ses amis, et s'était rendu aux « loges », situées vers la fontaine Mæstrickt, pour y soigner les pestiférés. Huit jours après, il mourait dans l'exercice de sa charité héroïque (1).

Ces « loges » — ou constructions provisoires — étaient établies dans les contrées des Gravières, des Vaux, — aujourd'hui rue de Véel — de Parfondeval. Quelques-unes furent construites à l'Emorie et servirent aux convalescents.

L'Hôtel de Ville ne négligeait rien, ne reculait devant aucun sacrifice pour remédier à une aussi déplorable situation. Les médecins, nous dit le docteur Baillot, déployaient un grand zèle dans le soin des malades et s'il est vrai que « l'art le plus lucratif au monde est la médecine faite en esprit de charité (2) », ces Messieurs eurent une belle occasion d'acquérir de nombreux mérites. On fit même venir à Bar un docteur de Chartres, M. Noël Le Molin, qui indiqua les soins à donner en pareil cas ; il réussit provisoirement à enrayer le fléau et quitta Bar le 24 décembre 1636 (3).

Capucins, Minimes, Jésuïtes, Carmes, rivalisèrent

(1) *Bibl. municip.*, ms. 53, fº 126.
(2) Dubé : *Le Médecin des Pauvres*. A Paris, chez Edme Cotenot. M.DC.LXXXVI.
(3) Noël Le Molin s'engagea à soigner les pestiférés moyennant une mensualité de 30 écus valant 150 francs barrois, le couvert, l'ameublement et, en plus, la fourniture des drogues pour les malades. *Arch. municip.*, BB, 5.

d'abnégation (1). Un Carme, dont le nom doit rester cher aux Barrisiens, le P. Elie de Sainte-Marie, demanda à son Provincial la permission de se dévouer totalement aux pestiférés. Celui-ci la lui accorda, en lui faisant défense expresse d'induire qui que ce fût à faire aucun testament ou donation quelconque en faveur du Couvent des Carmes. Muni de cette licence, le P. Elie se présenta devant la Municipalité qui l'envoya à Marbot. Le désordre, la malpropreté, le désespoir y régnaient. Il fit affluer les secours, rétablit l'ordre, assura l'exécution des règlements sanitaires et mit au service des hommes de l'art ses connaissances médicales qui étaient étendues pour l'époque (2). Au XVIIe siècle et même plus tard, l'asepsie et l'antisepsie étaient fort ignorées ; avant Lister et notre grand Pasteur, on ne peut compter le nombre effrayant de malades qui mouraient victimes de l'infection quand une épidémie ou une guerre survenait. Mais les infirmiers et les infirmières d'alors, dont la science n'était pas étendue, faisaient ce qu'ils savaient et ils le faisaient de tout cœur, comme on peut s'en convaincre en interrogeant l'histoire.

Quant aux Capucins, ils administraient les sacre-

____

(1) Les Bénédictins se récusèrent.

(2) Fourier de Bacourt. *Le Couvent des Carmes à Bar-le-Duc*. Mém. de la Soc. des lett., sc. et arts, 1899, t. VIII, 239. — Le 13 février 1637, le P. Elie reçut de la Ville 400 francs en reconnaissance de ses bons soins. *Arch. municip.*, BB, 5.

ments et portaient les morts sur leurs épaules pour leur donner la sépulture (1). La mortalité fut si grande qu'un Jésuite, le P. Dhimite, eut, en 1649, l'étrange idée de construire une chapelle avec les ossements desséchés des défunts de ces années terribles (2).

Les habitants consternés à la vue de semblables fléaux, l'étaient encore davantage au milieu des passages continuels de troupes en ce pauvre pays de Bar qui, tour à tour pris et repris, — de 1632 à 1670, il le fut cinq fois — devenait la proie des armées dévastatrices (3).

A toutes ces calamités, s'ajoutait l'intempérie des saisons. Presque à chaque page des *Ephémérides de Bar,* nous lisons que des froids rigoureux, de formidables orages, des « nuées de greslons » s'abattaient sur la ville et sur les environs, ce qui compromettait les récoltes, provoquait des accidents et aggravait encore la misère publique.

(1) P. Benoît Picart, *Hist. eccl. et polit. de la Ville et du diocèse de Toul.* MDCCVII. — Sur 100 Capucins, il en mourut 70 en soignant les malades, dans la Lorraine et le Barrois, pendant les années d'épidémie.

(2) Cette chapelle, construite au fond du cimetière, fut bénite le 10 août 1649. On célébra la messe en musique avec offrande ; le P. Dhimite prêcha sur les âmes du purgatoire ; la cérémonie dura près de trois heures. *Bibl. municip.,* ms. 53, f° 154.

(3) On voit constamment, sur les registres de l'Hôtel de Ville, les réclamations des habitants au sujet des dépenses, des dégâts que causent les soldats et des vexations que ceux-là subissent de la part des troupes.

Les indigents abondaient. L'Hôtel de Ville avait rétabli la « taille des pauvres (1) ». Pour les reconnaître, ceux-ci recevaient une marque en cuivre portant l'empreinte d'une pensée, tirée des armes de la Ville, — la médaille des pauvres — qu'ils portaient ostensiblement. Le 28 janvier 1633, trois cents marques de ce genre leur furent remises (2). Et à la suite d'une décision du 1er juillet 1636, la Ville défendit de porter des galons d'or et d'argent, ainsi que des « passemens à dentelle », tant la misère était grande (3).

Bar fermait ses portes et tenait pour suspect tout étranger (4); la détresse des faubourgs était poignante, les habitants aisés se retiraient au centre de la ville et les pauvres gens des campagnes se réfugiaient dans « la Capitale », amenant leurs troupeaux et leurs effets ; on pouvait les voir errant par les rues, ou bien couchés au seuil des maisons et jusqu'aux portes des églises ; ils y passaient les nuits ; c'est là qu'au matin on les trouvait mourant de froid, de faim et de misère.

---

(1) C'était une perception sur tous les habitants d'une taxe exceptionnelle édictée dans les temps difficiles.

(2) *Arch. municip.*, BB, 4.

(3) Dr Baillot, *op. cit.*, 252, qui cite le manuscrit commencé par Claude Remy, bourgeois de Bar en 1515 et continué jusqu'en 1651 par sa famille.

(4) Le 11 février 1629, défense fut faite aux habitants de la ville et des faubourgs de recevoir des pauvres étrangers. *Arch. municip.*, BB, 3. — Le 24 mars 1639, on établit deux « chasse-coquins » qui feront sortir de la ville tous les pauvres qu'ils trouveront. *Id.*, BB, 6.

Le découragement s'emparait de tous. C'était plus que jamais l'heure de la charité. A Paris, l'homme populaire par excellence, le grand bienfaiteur des miséreux, le prêtre au grand cœur et aux généreuses initiatives, Vincent de Paul, avait été ému jusqu'au plus intime de son être des malheurs de la Lorraine et du Barrois. Déjà Toul recevait ses bienfaits, Metz, Verdun, Nancy, Pont-à-Mousson, Saint-Mihiel, Lunéville, Château-Salins, Vic, Moyenvic, Marsal, Epinal, Remiremont, Châtel, Neufchâteau, Stenay, Rambervillers, voyaient ses Missionnaires venir à leur secours. Bar-le-Duc les reçut en 1639 avec d'abondantes aumônes ; et soudain le courage des Barrisiens se ranima ; la mortalité diminua peu à peu ; l'espoir, la vie, rentrèrent dans la cité.

Les deux envoyés de Saint Vincent de Paul furent reçus chez les Jésuites qui secondèrent leur zèle. Ils allèrent dans la mansarde du pauvre et dans la demeure du riche ; ces visites inspirées par la charité furent accueillies partout avec empressement, on savait que ces hommes de Dieu venaient dans le pays pour lutter contre le fléau qui terrorisait les habitants. Aux soins corporels, ils savaient joindre des paroles de réconfort et, en administrant les sacrements, ils prenaient les moyens qu'inspire une foi vive pour assurer, avec le soulagement des malades, l'éternel salut des mourants.

La chapelle du Collège était surtout le siège de leurs fonctions saintes. L'un deux y entendit, en un móis, jusqu'à huit cents confessions, sans compter celles des gens alités. Ces missionnaires succombaient à la fatigue ; ils tombèrent malades. Le premier guérit assez rapidement ; le second, M. Germain de Montevit, fut victime de sa charité. C'était un jeune prêtre de grand avenir, un des plus fervents missionnaires de la Communauté des Lazaristes ; le vénéré Fondateur le considérait comme un saint ; il le pleura tout en bénissant Dieu de lui avoir donné un tel fils et d'en avoir fait un martyr de l'amour du prochain.

M. de Montevit mourut le 19 janvier 1640. Ses obsèques firent événement à Bar : les deux Chapitres honorèrent son convoi ; le clergé et les fidèles se pressaient dans l'église et l'on vit ce spectacle touchant : une longue théorie de pauvres, — ils étaient 600 — tenant chacun un cierge à la main, parcourir les rues de la cité et pleurer comme on pleure sur la mort d'un père, en assistant aux funérailles de celui qui avait donné sa vie pour les sauver (1). Il fut inhumé auprès du confessionnal où il avait contracté sa maladie, dans la chapelle du Collège. Le P. Roussel (2), recteur des Jésuites, en écrivit à Vincent de Paul avec admiration. Germain de Montevit avait 28 ans 3).

(1) Voir les biographies de S. Vincent de Paul. Maynard, IV, 95 à 98 ; — Digot, *Hist. de Lorraine*, V, 290 ; — Rohrbacher, *Hist. de l'Eglise*, XXV, 364, 365 ; — Dr Baillot, *op. cit.*, 60, etc.

(2) Le P. Jacques Roussel fut recteur du Collège Gilles de Trèves de 1638 à 1642. — Voir *Pièces justificatives*, II.

(3) Une pierre tumulaire, avec inscription, rappelait cette

En quelques mois, les deux Missionnaires avaient secouru des centaines de malheureux, distribuant vivres, vêtements, médicaments, faisant parvenir des offrandes aux pauvres honteux et aux familles nobles tombées dans le besoin. Dans la Lorraine, saint Vincent de Paul vint en aide à onze cent vingt-sept religieuses. Il écrivait à un de ses prêtres, le 26 février 1640 : « Nous continuerons d'assister ces pauvres gens de 500 livres par mois, dans chacune des dittes villes : Bar, Metz, Toul, Verdun et Nancy ; mais certes, Monsieur, j'apréhende bien que nous ne puissions pas continuer longtemps, tant il y a de difficulté à trouver 2.500 livres par mois. »

Il continua longtemps encore et trouva des sommes plus considérables (1). Vincent de Paul envoya en

mort prématurée ; elle n'a pas résisté aux ravages du temps. Le Dr Baillot, (*op. cit.*, 60), émettait cette pensée : « Ne serait-il pas du devoir de la cité de perpétuer dans le cœur de la population, par une inscription placée sur un des piliers de Notre-Dame, le souvenir d'un dévouement aussi héroïque ? » — Nous n'avons pu trouver la date de l'érection de l'autel de S. Vincent de Paul, dans cette église ; ne fut-il pas édifié, après sa canonisation, en reconnaissance de ses bienfaits prodigués dans la ville de Bar ? Il est permis de le croire.

(1) Le messager de S. Vincent de Paul, le porteur d'aumônes, était Fr. Mathieu Renard. Ses voyages en Lorraine, — il en fit plus de 50 — au milieu des armées et des voleurs, sont une suite de péripéties et aussi d'événements merveilleux. Les dangers qu'il affronte, la conduite de la Providence, tout cela est reporté à Paris où la Reine le mande pour lui faire raconter ses aventures. On ne lui vola jamais son argent ; il attribuait cette merveille, car c'en était une vraiment, aux prières et à la sainteté de Vincent de Paul. Voir Maynard, *op. cit.*, IV, 123 à 127.

Lorraine et Barrois *quatorze mille aunes de drape-*
ries et une somme de sept cent mille livres, ce qui
peut être évalué entre cinq et six millions de notre
monnaie actuelle (1).

Quelques auteurs affirment que le Saint lui-même
vint à Bar-le-Duc (2) ; nous n'en avons trouvé aucune
preuve. Quoi qu'il en soit, de Paris, Vincent de Paul
n'oubliait pas les Lorrains. Nombreux, ils émigraient.
Ils allaient chercher dans la capitale de la France une
situation et du pain que nos malheureuses provinces
ne pouvaient plus leur assurer. Et le bon prêtre les
accueillait. Il plaça 160 jeunes filles de Lorraine chez
les Sœurs de la charité, les petits garçons furent
reçus à Saint-Lazare. Il fonda, avec le concours du
baron Gaston de Renty, l'Œuvre de « la Noblesse
Lorraine ». Comme la transmigration continuait, et
que Bar était le passage pour se rendre à Paris, les
Missionnaires de Toul recommandaient les voyageurs
à leurs confrères de Bar qui leur fournissaient des
secours (3). N'a-t-il pas droit, l'initiateur des Mission-

---

(1) La plupart de ces faits historiques ont été tirés des documents relatifs à la canonisation de S. Vincent de Paul et cités
par ses biographes.

(2) Il est vrai, une tradition rapporte que le Saint vint à
Bar et prêcha à Notre-Dame. Longtemps on conserva, comme
un précieux souvenir, la chaire d'où il avait parlé aux fidèles
et ce fut avec regret, disait M. l'Archiprêtre Tripied, qu'on la
remplaça quand son état de vétusté l'exigea.

(3) A leur arrivée à Paris, Vincent de Paul leur procurait
vivres et logements. Pensant à leurs besoins spirituels, il leur
faisait donner des missions à La Chapelle, près Paris. Un riche

naires, le bienfaiteur de nos pères, à la reconnaissance des Lorrains et en particulier des Barrisiens (1)?

Deux siècles ne purent réparer les ruines que les guerres, les épidémies et la disette avaient accumulées dans nos pays. Que serait-ce si on avait vu tant de malheureux, auxquels Vincent de Paul avait sauvé la vie, mourir, et par leur mort activer encore le dépeuplement de la Lorraine et du Barrois ?

Car la vie restait rude à Bar (2). En 1652, le blé se

bourgeois, nommé Drouart, ayant entendu les Missionnaires leur parler, en fut si touché qu'il se fit *quêteur pour les Lorrains*. Maynard, *op. cit.*, IV, 108.

(1) M Digot, le moderne historien de la Lorraine, s'étonne avec raison que ses plus anciens annalistes n'aient pas daigné nommer leur sauveur et que les documents originaux du temps ne mentionnent pas sa charitable intervention. Nous faisons la même remarque pour ce qui concerne les éphémérides de Bar-le-Duc. Nous trouvons ailleurs ceci : « Le nom de S. Vincent de Paul est en bénédiction dans le duché de Lorraine, car il a traversé ce pays en faisant le bien. » Lettre de Gabriel Maillet, général de la Congrégation de Saint-Vanne, 13 juillet 1706. *Procès de Béatification.* Et, en parcourant les nombreuses lettres adressées à Vincent de Paul par les *magistrats civils* de Toul, Lunéville, Pont-à-Mousson, etc., et les Supérieurs de Maisons religieuses, on peut se rendre compte des bienfaits octroyés à la Lorraine et au Barrois par cet homme incomparable. Voir *Abelly*, ch. x. — *Collet,* ch. iv, etc.

(2) La ville était obérée : le 5 avril 1646, elle « se trouvait dans une si grande détresse qu'à l'effet d'assurer les nécessités présentes, le Conseil vota une requête à l'Intendant pour vendre les *usages* et les cloches de la ville. *Arch. municip.*, BB, 8. — Le 23 avril 1663, la ville devait 300.000 francs en principal et plus de 70.000 fr. d'intérêts ; elle avait aussi une dette de 30 à 40.000 fr. pour fournitures de vins, meubles, etc. *Arch. municip.*, BB, 15.

vendait « 6 francs 6 gros le bichet (34 litres environ)
et le vin 140 francs la pièce ». En 1659 et en 1694, la
crise alimentaire était grande ; en 1658, le prix du blé
montait à « 8 francs le bichet » ; cette crise continuait
en s'accentuant les années suivantes, elle serait allée
encore en augmentant si Léopold n'avait pris des
mesures sages et si la ville n'avait été administrée
par un homme énergique, le prévôt Antoine Morel (1).

Cependant quelques dames de la ville, touchées de
voir persister la misère parmi le peuple, tentèrent,
en 1667, non sans rencontrer des difficultés (2), de
réaliser en partie le vœu des époux Baudoux, en visi-
tant les pauvres et les malades à domicile.

Elles formèrent une *Confrérie* dite des *Dames de
charité*, avec *supérieure* et *officières* ; ce que nous
appelons aujourd'hui présidente et membres actifs.
Parmi elles, notons avec édification, Anne des
Rogers (3), veuve de François de Serinchamps, chevalier, seigneur de Trémont et de Renusson, qui, pour
mieux assurer la stabilité de l'Association, légua par
son testament du 4 mai 1693 et le codicille du

(1) Antoine Morel, prévôt, chef de police et maire de la ville
de Bar ; — conseiller en la Chambre des Comptes, — fils de
Jacques Morel, chevalier de l'ordre de la Trinité, et de noble
dame Magdelaine Morison.

(2) Le 5 septembre 1667, les échevins de la fabrique de Notre-
Dame et le receveur de la *boîte du purgatoire* s'élevaient
contre ces dames parce que, « depuis le récent établissement
des Dames de la charité, qui quêtent pour les pauvres malades,
ils ne reçoivent plus d'aumônes », *Arch. municip.* BB, 17.

(3) Le musée de Bar conserve son portrait.

9 avril 1694, une somme de 9.000 livres de Lorraine, pour en employer la rente, savoir : « trois cents livres à l'entretien de deux Sœurs de Saint-Vincent de Paul, auxquelles serait confié le soin des malades ; cent vingt-cinq livres à la nourriture de sa domestique qui viendrait les seconder, et vingt-cinq pour être distribuées en aumônes par les soins des Dames de charité. Ces deux dernières sommes devaient être réunies au décès de sa domestique pour constituer l'allocation d'une troisième Sœur. »

Les Dames de charité se partageaient les différents quartiers de la ville, où elles visitaient les malheureux en leur portant des secours. C'était bien déjà cette *assistance à domicile,* commencée par les Missionnaires Lazaristes, continuée par ces femmes généreuses et complétée plus tard, à l'arrivée des religieuses qui devaient prendre possession de la *Maison de charité.*

CHAPITRE PREMIER

Arrivée des Filles de Saint-Vincent de Paul à Bar-le-Duc. — Leurs
bons soins aux malades pauvres. — Elles sont aidées par les Dames
de charité. — Ressources de la Maison de charité. — Quelques-
unes des premières Sœurs et des premières Dames.

La difficulté des communications, les dangers (1)
et les obstacles de toutes natures avaient empêché
cette belle organisation de la charité dont nous
profitons aujourd'hui. Nos ducs ayant pacifié le pays
pour un temps, les mœurs s'étant adoucies, les pré-
jugés s'étant dissipés, plusieurs Congrégations de
femmes, désignées sous le nom général de « Sœurs
de la charité », naquirent et se développèrent sur la
terre de France. Et l'on vit cette merveille jusqu'alors

---

(1) Les chemins étaient mauvais, les routes mal fréquentées,
la ville elle-même était si peu sûre que le 1er décembre 1650,
le curé de Bar avait été invité à faire donner les prédications
ordinaires du dimanche dans l'église des Augustins, à cause
des dangers que couraient les bourgeois en se rendant à Notre-
Dame, située dans les faubourgs. *Arch. municip.*, BB, 10.

inconnue : de vaillantes filles, non plus enfermées
dans des cloîtres et protégées par des grilles, mais
vivant dans le monde pour y secourir toutes les
misères, cheminant dans tous les pays pour y porter
le réconfort et la consolation aux malheureux ; on
vit, dis-je, ces femmes exercer cette sublime mission
du dévouement sous toutes ses formes et l'exercer
au nom du Christ.

C'est pour Lui qu'elles travaillent ; c'est Lui, tout
aussi bien que les religieuses cloîtrées, qu'elles ont
dans leurs cœurs ; c'est en son honneur et pour sa
gloire qu'elles se sacrifient, avec cette nuance, que
c'est au Christ identifié dans le pauvre, dans l'enfant
abandonné, dans le malade et le vieillard, c'est au
Christ souffrant qu'elles consacrent leur vie, accom-
plissant ainsi dans sa perfection le conseil du divin
Maître : *Tout ce que vous aurez fait au plus petit
d'entre les miens, c'est à moi-même que vous l'aurez
fait* (1).

Bientôt la Lorraine va de nouveau se couvrir d'hospices (2) et de Maisons de charité ; asiles où le pauvre

---

(1) Matth., xviii, 5.
(2) Les Sœurs de Saint-Charles de Nancy dirigent l'hôpital
Saint-Denis de Bar depuis 1716, mais ne visitaient pas les
pauvres à domicile. — Nous unissons dans le même sentiment d'affectueuse vénération les Filles de Saint-Charles et
les Filles de Saint-Vincent qui sont désignées les unes et les
autres sous le nom de « Sœurs de charité ». Elles ont le même
esprit de dévouement, les mêmes attributions et le même zèle
pour le bien corporel et spirituel des pauvres.

sera recueilli ; maisons d'où sortira « la Sœur » pour aller le chercher par les rues de la cité et jusqu'au foyer domestique, afin d'y porter, avec le pain qui entretient la vie, le rayon de joie qui le ranimera, lui et les siens.

Bar-le-Duc aura donc sa Maison de charité si longtemps attendue, si vivement désirée par tous les cœurs généreux au pays barrisien.

Les officiers de l'Hôtel de Ville, ayant accepté le legs de la noble veuve de François de Serinchamps et s'étant engagés, le 25 avril 1696, à en remplir fidèlement les conditions, envoyèrent à Paris un délégué ayant mission de s'entendre avec la Communauté de Saint-Lazare. Ce fondé de pouvoir était le maire lui-même, Pierre Colliquet (1), qui fut reçu par les Lazaristes et passa traité avec eux le 8 octobre 1696 (2), pour l'établissement de deux Sœurs de charité, au nom de l'Evêque de Toul, M. de Thiard de Bissy, de la Ville et hôpital de Bar et des exécuteurs testamentaires d'Anne des Rogers. Par ce

---

(1) Pierre Colliquet, écuyer, conseiller du roi, prévôt et maire de Bar, seigneur de Rosnes et de Longchamps, était un descendant de Mangin Colliquet, valet de chambre de Charles III, anobli en 1556. Les armes de sa famille étaient : *d'azur au sautoir d'argent cantonné de quatre hures de sanglier d'or.*

(2) Cet acte qui se trouve aux *Archives Nationales,* S, 6161, aux *Archives de la Meuse,* Hôpitaux de Bar (fonds non classés), a été cité *in extenso* par le Dr Baillot, *op. cit.,* 292, Pièces justificatives. — Le traité fut approuvé le 22 octobre par l'Evêque de Toul et le 27 suivant par l'Hôtel de Ville.

traité, la Congrégation de Saint-Lazare et celle des Filles de Saint-Vincent de Paul s'engageaient à envoyer deux Sœurs « pour y procurer, assurer et perpétuer les secours corporels et spirituels des pauvres malades de la paroisse Nostre-Dame de Bar-le-Duc et des fauxbourgs seulement, sans y comprendre l'hospital ni les hameaux et villages qui sont autour d'icelle quoiqu'ils soient de ladite paroisse Nostre-Dame. »

Les religieuses arrivèrent à Bar le 27 janvier 1697 et furent logées dans la maison Baudoux qui reçut enfin sa destination. Cette maison était située, comme nous l'avons dit, dans le quartier du Bourg, ce vieux Bourg où des notabilités avaient leurs hôtels (1); son entrée principale donnait sur cette rue, un judas au milieu de la grande porte servait à répondre la nuit aux demandes du public; l'immeuble communiquait, à l'aide d'une passerelle, avec le quartier populeux de la rue des Juifs — aujourd'hui rue de la Couronne.

L'une des deux Sœurs se nommait : *Sœur Marie Frémy,* elle était supérieure de l'autre dont on n'a pas conservé le nom. Les Sœurs étaient placées sous la juridiction de l'Evêque de Toul et du curé de Notre-

---

(1) Les hôtels des notables étaient généralement à la Ville-Haute. Par un règlement du 20 juin 1616, le duc Henri II avait imposé à tout conseiller de la Chambre des Comptes, de résider en Ville-Haute. Le 17 avril 1632, Charles IV permit à un nouveau titulaire, Richard de Blaives, la résidence en Ville-Basse, *Bibl. municip.,* ms. 135. — Depuis, quelques conseillers et autres notables résidèrent au Bourg et à la Neuveville.

Dame ; de sages conventions rappelaient les droits et les devoirs des religieuses et ceux de l'Hôtel de Ville. Elles étaient aidées, dans leur charge, par la domestique de Mme de Serinchamps, *Marie Paroche,* dont les services furent dignes d'éloges. Celle-ci se dévoua pendant quinze ans au soulagement des pauvres avec zèle et intelligence, jusqu'au jour où ses infirmités la retinrent au logis.

A ce moment et pour cette circonstance, les Dames de charité réclamèrent une troisième Sœur. Elle leur fut accordée le 28 septembre 1712.

Le besoin s'en faisait fortement sentir, le nombre des malades augmentait, des épidémies de *fièvres graves, suette, affections catarrhales, grippes, petite peste* dont parle le Dr Baillot, de *petite vérole,* sévirent cruellement pendant bon nombre d'années dans toute la région (1). Parmi les malheureux, le nombre des victimes était considérable, et, lorsque la maladie n'était pas mortelle, elle les laissait dans un état de faiblesse, de dépérissement qui entravait leur travail ;

____

(1) La Maison de Lorraine fut fort éprouvée par la petite vérole. La princesse Elisabeth Charlotte, abbesse de Remiremont, en mourut le 4 mai 1711 ; le prince Louis, le 10 ; la princesse Gabrielle, le 11. Les princes Clément et François furent atteints et guérirent, etc. *Bibl. municip.,* ms. 51, f° 8, v°. — En 1743, quatre religieuses Annonciades moururent à Bar en huit jours de la « maladie populaire ». *Extrait des correspondances barrisiennes,* xviiie siècle, publiées par M. Fourier de Bacourt dans les Mém. de la Soc. des lett., sc. et arts, 1892, t. VII, 114. — M. de Bassompierre mourut à Bar de la petite vérole le 22 octobre 1757.

c'eût été une misère plus déplorable encore sans les bons soins prodigués aux convalescents et les vivres répartis en abondance aux familles nombreuses.

L'épreuve, pour un moment, fut telle que l'évêque de Toul jeta un cri d'alarme : « Nous n'entendons parler que de spectacles de mort ; nous ne voyons autour de nous que des tombeaux ouverts... Pour que le glaive qui nous frappe rentre dans le fourreau, pour que Dieu fasse cesser les maladies qui règnent partout... nous ordonnons des prières, etc... » Ces prières devaient être faites devant le Saint Sacrement exposé dans toutes les églises ; à Bar pendant *neuf jours* avec exposition des *quarante heures*, les trois premiers jours à Saint-Maxe, les trois suivants à Saint-Pierre et ensuite à Notre-Dame (1).

Sœur Frémy dirigeait sa petite communauté avec tact et intelligence. Les trois Sœurs rendaient de réels services à la population pauvre ; elles étaient continuellement parmi les malades, leur donnant avec une abnégation inlassable les soins les plus dévoués et leur portant des secours matériels. Elles s'estimaient heureuses quand elles pouvaient mettre aussi la paix et la joie dans leurs âmes, en leur faisant entrevoir la récompense destinée aux pauvres qui acceptent leur pauvreté, aux souffrants qui ne murmurent pas contre la Providence, à ceux qui

----

(1). Mandement de M. François Blouet de Camilly, évêque de Toul, 21 mai 1711. — *Bibl. nat.* Lorraine, ms. 42, fo 29.

peinent enfin et qui meurent ici-bas, et dont l'éternité seule peut payer une vie toute de labeur, de sacrifice et de devoir vaillamment accomplis.

Oh ! que belle était leur œuvre et combien les bénissaient les miséreux d'alors. Les Sœurs étaient populaires, lisons-nous dans les vieilles chroniques, elles étaient aimées et vénérées de tous. Elles firent si bien dans *l'art de guérir et de consoler* que les familles aisées réclamèrent leurs visites et parfois leurs services, ce qui donna lieu à un conflit avec la faculté médicale qui leur reprochait aussi de médicamenter les passants pauvres (1). Les chirurgiens adressèrent une pétition à l'Hôtel de Ville, afin qu'elle fît rentrer les religieuses dans leurs attributions. Ce petit incident apaisé, les bonnes Sœurs continuèrent tranquillement à exercer leur mission charitable.

Une quatrième Sœur fut bientôt nécessaire. Adrian Varin, doyen de Saint-Pierre et official, fournit les fonds destinés à son entretien.

Après un séjour de *cinquante ans* à Bar, passés tout entiers au service des pauvres malades, et 64 ans de vie religieuse, Sœur Marie Frémy, qui avait atteint sa 89me année, s'endormit pieusement dans le Seigneur, le 24 juin 1745. Cette première Supérieure de la Maison de charité fut inhumée à l'église Notre-

____

(1) *Bibl. nat.* Lorraine, ms. 350, f° 120. — Délibérations du Conseil de ville.

Dame près la chapelle du Rosaire (1). *Sœur François,* devenue infirme après avoir soigné les malades pendant 36 ans, fut rappelée à la Maison Mère en 1746 (2).

Le 17 mars 1756, le roi de Pologne, dont il est dit : « La classe des misérables était celle de ses privilégiés, sa charité ingénieuse savait distinguer parmi les pauvres, les malades (3) », Stanislas alloua une somme de deux cents livres pour l'entretien d'une cinquième Sœur, en même temps qu'il fondait une rente de mille livres qui devait être distribuée aux pauvres honteux de Bar-le-Duc.

Outre ces fondations, les ressources provenaient du produit des quêtes à domicile et dans les églises, de la quête du vin (4) et des dons qui étaient faits à la Maison de charité.

Parmi les bienfaiteurs, citons : Mme la Comtesse Dessalles (5) ; Mlle de Rizaucourt (6) ; le président Jean Vincent (7) ; Marie Grandidier, veuve de Claude

(1) *Arch. municip. Etat civil.* Actes de sépulture. Par. Notre-Dame.

(2) Gillant, *Pouillé*, II, 134.

(3) Abbé Proyard, His. de Stanislas, 415, Lyon M.DCCLXXIV.

(4) La quête du vin était faite chaque année chez les propriétaires de vignes, et même chez d'autres habitants qui, ne possédant pas de vignobles, remettaient une offrande en argent.

(5) *Arch nat.*, S, 6161. — Voir le détail des dons aux Pièces justificatives, III.

(6) *Le testament de Mlle de Rizaucourt.* Mém. de la Soc. des lett., sc. et arts, 1907, t. V, p. LI.

(7) Dr Baillot, *op. cit.*, 279.

Gattinois ; Marie-Louise Thirion ; Nicolas Husson dit Bermond ; Nicole Anchier, femme de Nicolas Hannotin ; Mme de Tonraire ; Charles Colin de Contrisson, évêque des Thermopyles (1) ; Mlle Monique Godelaire (2).

L'Hôtel-Dieu était tenu d'entretenir les bâtiments et de fournir tous les trois ans à la Maison de charité « quatre cordes de bois, quatre cents fagots, une vanne de charbon », de subvenir aux frais de voyages des Sœurs, de leur procurer, lors de leur installation, le linge et les vêtements dont elles pouvaient avoir besoin ; le tout à titre de compensation pour les deux mille francs provenant des époux Baudoux, qui avaient été attribués à l'hôpital avant l'arrivée des Sœurs et pour avoir disposé de la maison pendant soixante-sept années. Mais comme ces diverses obligations étaient onéreuses, l'Hôtel-Dieu tenta de s'en affranchir et obtint, en 1780, la décharge de l'entretien des constructions élevées dans cette maison depuis le jour où les réparations avaient dû y être faites pour l'installation des Sœurs.

(1) On peut lire son épitaphe dans le chœur de l'église de Contrisson : *Cy gist M. Charles-Bernard Colin de Contrisson, évêque des Thermopyles, abbé commendataire de Sultz elbronn. Sa piété fut sincère ; et il mit son unique bien à être le père des pauvres. Dieu a récompensé ses vertus en l'appelant à lui, le 7 décembre 1789, à l'âge de 67 ans. Requiescat in pace.* Il était fils de Charles-Bernard Colin de Contrisson, écuyer, capitaine du château de Ligny, etc., et d'Anne de Cheppe.

(2) *Arch. Meuse.* Hôpitaux de Bar (fonds non classés).

En somme, les ressources étaient minimes et les besoins nombreux. Les Dames de charité venaient en aide aux religieuses, en leur procurant, pour les pauvres, vêtements, médicaments et vivres (1).

Parmi ces Dames de charité, on voit alors Mme Aubry-Macuson (2), « très apte à découvrir les misères cachées (3) »; Mlle Anne de Mussey « dame de charité jusqu'à sa mort (4); » Mme de Saint-Baussant (5), dont on a remarqué « la charité

(1) Elles distribuaient à chaque pauvre « trois fois par jour le bouillon d'une demi-livre de viande, jusqu'à son entrée en convalescence, où il lui était donné ainsi qu'aux infirmes, une demi-livre de viande cuite et desossée, du pain blanc et un peu de vin... quand on en avait en cave. » Dr Baillot, *op. cit.*, 256.

(2) Henry Aubry, avocat, maire et syndic de Bar, épousa, le 13 janvier 1728, Marguerite Macuson, née à Bar le 25 septembre 1704 † le 6 novembre 1776. Elle était fille de Claude Macuson, docteur en médecine, et de Marguerite Le Moyne. Elle se dévoua au service des pauvres comme Dame de charité. — On a dit de son mari qu'il fut l'avocat le plus habile de son temps. Il était le petit-fils de Dominique Aubry, anobli en 1727. Cette famille portait : *d'argent au lion rampant de gueules tenant une palme au naturel.*

(3) Fourier de Bacourt. *Un faux noble*, etc. Mém. de la Soc. des lett., sc. et arts, 1907, t. V, p. VII.

(4) Anne de Mussey, fille de François de Mussey, lieutenant-colonel d'infanterie au service de Charles IV, et de Marguerite de Villiers, née à Bar, le 7 décembre 1700 † le 20 septembre 1775. Elle était de la famille de Mussey qui descendait de Clausse de Mussey, anobli en 1456 et portait : *d'azur à sept macles ou losanges d'or, 2 en chef, 3 en fasce et 2 en pointe.*

(5) Veuve de Jean-Baptiste Thierry de Saint-Baussant. — Jean Thierry fut anobli le 26 mai 1613, ses descendants prirent le nom de Saint-Baussant. Jean-Baptiste, son petit-fils

ingénieuse et vraiment chrétienne ». Ces Dames, avec leurs compagnes, se signalèrent, pendant l'année très « dizetteuse » de 1771, selon le rapport (1) de M. de Mellet-Réjaumont « maître ès-arts en l'Université de Toulouse », curé de Notre-Dame (2). Elles unirent leurs efforts à ceux de « tout le clergé, tant séculier que régulier, la Chambre des Comptes, le Bailliage, tous les différents corps de marchands, etc., en un mot tous bons citoyens », qui se cotisèrent pour subvenir aux frais d'une soupe économique qui fut donnée « depuis le premier de janvier jusqu'au dernier d'août à huit cents pauvres chaque jour. »

Les huit vicaires (3) de la paroisse avaient fait

(1672-1741), seigneur de Saint-Baussant, — Saint-Baussant fut pour lui décoré du titre de *Baronnie* le 9 septembre 1723 — Richemont, Montsec, Seicheprey et Xivray, conseiller au bailliage de Saint-Mihiel, épousa **Jeanne de La Morre**, fille de Charles de La Morre, conseiller en la Chambre des Comptes de Bar, et de Marguerite Gilson. — **La baronne de Saint-Baussant** mourut le 9 février 1774. — La famille Thierry portait : *d'azur au chevron d'argent, accompagné en chef de 2 étoiles d'or et en pointe d'un mufle de léopard de même.*

(1) Voir Pièces justificatives, IV.

(2) La famille de Mellet était propriétaire du château de Réjaumont (Gers) ; elle descendait d'une ancienne famille de Gascogne, d'où les traditions de vertu, de piété se perpétuaient et dont plusieurs membres occupèrent des charges publiques. On trouve ainsi, chez les Mellet, un peu avant la Révolution, un capitaine de vaisseau, un lieutenant de marine, un bibliothécaire d'Auch, un vicaire général, un curé d'Endoufielle, une religieuse, etc. *Notes communiquées par M. Lebas, curé de Réjaumont.*

(3) Gillant. *Pouillé*, II, 176.

une quête par toute la ville, « ce qui n'était pas petite besogne », nous dit M. de Mellet. M. de Vyart-Salvanges (1) remplissait l'emploi d'économe, dont il s'acquitta « à l'admiration de tout le monde ». Les Dames de charité distribuaient les portions. La soupe se faisait à la Ville-Haute, au Château, et se composait de pain, de pommes de terre et de riz. On y ajouta bientôt une demi-livre de pain par personne. Le Dames de la Ville-Basse présidaient à la cuisson du pain et les Messieurs en organisaient la distribution. On déposait les bons chez M. Tabouillot (2) orfèvre, où les pauvres allaient les prendre. Ces secours furent distribués jusqu'à la moisson qui fut assez abondante en l'année 1772.

Il fut convenu alors que la somme qui restait en caisse serait partagée comme il suit : « 12 louis au bouillon des pauvres malades, le reste au pain écono-

(1) Vyart de Salvanges. La noblesse de cette famille vient de lettres d'anoblissement obtenues en 1545 par Claude Vyart, avocat à Bar, procureur général de Lorraine. Il épousa Barbe Guyot. — Parmi les descendants de la branche de René, leur petit-fils, nous trouvons **Jean Vyart de Salvanges**, avocat « ez siège » de Bar, maire et syndic, qui épousa Barbe Jeannesson, dont il eut postérité. La famille Vyart porte : *d'azur à trois croix potencées d'or, 2 en chef et 1 en pointe, au chef de même.*

(2) Tabouillot était le père de Nicolas, prêtre et déporté à Rochefort en 1794, qui se distingua dans les soins qu'il donna à ses confrères malades. M. C. Rollet, curé de Saint-Etienne, parle de lui avec éloge dans le *Journal de sa déportation* où il le nomme « le vertueux Tabouillot ».

mique, savoir 50 louis environ dont M. Robert (1)-Gouiter (2) — on loue son admirable gestion — s'est trouvé dépositaire, à l'apoticairerie et à la lingerie de la Charité. »

Les Sœurs de Saint-Vincent de Paul trouvaient donc aide et assistance dans les moments de détresse. Du reste, à la fin du xviie siècle et au commencement du xviiie, un élan vers la bienfaisance anima la France entière. Ce fut l'époque des *Ateliers de charité*. A Bar, cette Œuvre fut fondée par les Chanoines de Cheppe et André, auxquels s'associèrent MM. Nicolas Henry et de Mellet-Réjaumont successivement curés de Notre-Dame (3). Ces ouvroirs furent accueillis avec sympathie par la population, puisqu'en 1789, le Tiers-Etat émettait le vœu de voir « se multiplier les ateliers de charité (4) ».

On s'occupait alors beaucoup des intérêts du peuple et l'on tâchait d'améliorer sa situation. Les Filles de

(1) Ce M. Robert ne serait-il pas celui qui, en 1789, postérieurement maire de Bar, devait s'occuper de la question du « pain cher », et adresser, de concert avec l'infortuné André Pélissier, une requête à l'Hôtel de Ville dans le but d'obtenir l'autorisation d'établir trois fours et d'y faire cuire du pain, qui aurait été vendu à meilleur compte que celui des boulangers?

(2) Orthographe incertaine.

(3) Voir pour l'historique des *Ateliers de charité*, Dr Baillot. *Notice sur l'hospice de Bar*. Mém. de la Soc. des lett., sc. et arts, 1875, t. V, 24, *note*. — Gillant, *Pouillé*, II, 176, etc.

(4) Cahier des plaintes et doléances du Tiers-Etat du Bailliage de Bar-le-Duc, art. xxx.

Saint-Vincent, dont la vie entière est consacrée à cette noble cause, continuaient leur apostolat, prenant bien à la lettre les conseils de leur Fondateur : « Souvenez-vous de cette pratique qui est parmi nous que nous devons travailler pour gagner notre vie. Dieu ne nous a pas tirés du soin de gagner notre pain pour nous mettre seulement à nos aises et repos, mais pour *travailler fortement* à l'imitation de son Fils ».

Nous pouvons assurer que les Sœurs travaillaient *fortement,* étant si peu nombreuses pour accomplir une grande besogne (1), et l'esprit de Vincent de Paul, qui est l'esprit de Dieu dont le saint s'est inspiré dans sa foi vive et son génie, esprit qui paraît à chaque page de ses *Constitutions*, se réalisait dans ses Filles. On ne peut relire sans émotion ces lignes — souvent citées et toujours admirées : — « On les verra pratiquer par amour toutes les vertus des religieuses sans en porter le nom, sous le seul regard de Dieu : la chasteté et la modestie par amour, la pauvreté par amour, l'obéissance par amour, la solitude par amour dans une *clôture non de pierres, mais de volontés libres...* Elles auront pour monastère, la maison des malades ; pour cellule, une chambre de louage ;

---

(1) Un *Mémoire* parle des Sœurs qui se sont appliquées « avec tant de zèle et de peynes à accomplir le devoir de leur charge dans la ditte ville, qui est d'une longue étendue, puisqu'il y a ville haute et ville basse accompagnée de plusieurs faulbourgs. » *Bibl. nat.* Lorraine, ms. 350, fo 120.

pour chapelle, l'église de la paroisse ; pour cloître, les murs de la ville ou la salle des hôpitaux ; pour clôture, l'obéissance ; pour grilles, la crainte de Dieu et pour voile, la sainte modestie (1). »

En 1781, on voit en exercice *Sœur Antoinette Poncette Paris*, supérieure, qui mourut le 10 août 1783, âgée de 51 ans ; *Sœur Magdeleine Lardey*, décédée le 4 décembre de la même année, âgée de 50 ans ; *Sœur Barbe Miquelard*, supérieure de 1783 à 1785 ; et, pour lui succéder, *Sœur Catherine-Louise Rorère*, qui unissait au supériorat les fonctions « d'économe de la Maison Saint-Vincent. » C'est cette dernière religieuse que nous trouvons à son poste à l'époque de la Révolution française.

(1) Constitutions des Filles de la charité.

CHAPITRE II

Nous lisons, dans une estimation faite par François
Pernet et Nicolas Lapique, architecte, la description
de la Maison de charité (1). Cet immeuble, agrandi à
différentes reprises, se composait en 1790, d'une porte
cochère, un corridor, une chambre avec cheminée
prenant jour sur la cour, une seconde chambre boisée,
un cabinet et une cuisine. De l'autre côté du corridor,
l'escalier en pierre, qui communique jusqu'au grenier.
Au premier étage, trois chambres et un vestibule. Le
grenier comprenant une chambre et un cabinet. Au
jardin se trouve un puits. Vers le fond de ce jardin, est
situé un bâtiment divisé en deux parties, comportant

(1) *Arch. Meuse*, série Q. Inv. commune de Bar.

une remise ou bucherie d'un côté, avec poulailler, une chambre avec cheminée, derrière laquelle se trouve la cave, et au-dessus un grenier divisé par une cloison. La cour est séparée du jardin par un mur en pierre de taille. Il existe un fort beau lavoir dans le jardin, un chambray (sic) en vigne, des arbres à haut vent et d'autres en espalier.

Les Sœurs vivaient là, tout occupées du soin des pauvres, sans se tourmenter peut-être des événements qui se préparaient. Quartier paisible entre tous qui, un soir d'avril 1791, fut soudain agité par des cris séditieux : « M. Arabout, traversant le Bourg sur le tard, une voix forte cria derrière luy : amenes-moi cet aristocrate que je l'embroche... et voilà comme tout va à Bar », écrivait la marquise des Ayvelles (1).

En ces temps déjà troublés, les Sœurs de charité n'étaient point inquiétées quoique la persécution religieuse ait commencé à sévir. Le peuple tenait à la religion et en respectait la forme, comme on peut s'en convaincre en lisant la pétition des paroissiens de Notre-Dame (2), suivie de plusieurs pages couvertes de signatures, où les habitants demandent le maintien et la conservation des huit chapelains de cette paroisse pour y continuer leurs fonctions (3). En

---

(1) Fourier de Bacourt. *La Chronique de Bar-le-Duc, au printemps de 1791*. Mém. de la Soc. des lett., sc. et arts, 1892, pp. 95 96.

(2) *Arch. municip.*, GG. I, 2.

(3) Id. *ibid.* Voir Pièces justificatives, V.

l'an II, on portait encore ostensiblement le Saint
Sacrement sous un dais aux malades et aux infirmes
le mercredi saint, et l'on faisait les processions de
la Fête-Dieu (1). Le dimanche était observé, comme
le prouve le témoignage de Mallarmé lui-même (2).
Mais ce *représentant* craignant que la Meuse ne
devienne une autre *Vendée* (3). répandit à Bar cette
épigraphe qui, du reste, ne lui était pas particulière :
Égalité, liberté, fraternité aux sans culottes,
terreur aux aristocrates, haine aux modérés (4).

La Maison de charité fut supprimée en 1791. Les
Sœurs de Saint-Vincent de Paul durent chercher un
asile au Prieuré. Elles étaient au nombre de six :
les Sœurs Catherine Rorère, Hélène Eveno, Philiberte Labourut, Françoise Piperoux, Marie Carcelle,
Marie-Louise-Joseph Seilliers.

La misère était grande alors parmi les indigents.
Le Conseil de Ville nous en donne une idée. S'adres-

---

(1) *Registres de Saint-Etienne.* Extrait d'un acte fait le
30 prairial an II, dans lequel on trouve la liste des « citoyens
très probes, porteurs de cordons, et des batonniers qui por-
toient le dez (*sic*) aux processions de la Fête-Dieu, et le mercredi saint, aux malades et infirmes, sans aucune rétribution ».
(2) « Dans mes différents voyages, écrivait Mallarmé, je me
suis convaincu par mes propres yeux, que le dimanche était
religieusement observé et que la fête du décadi était méconnue,
que des signes extérieurs tels que croix, saints et statues insul-
taient encore à la Raison, etc. » *Actes du Comité du salut
public publiés par Aulard*, XIII, 223 à 227.
(3) Id., *ibid.*,
(4) Bellot-Herment, *Bibl. municip.*, carton 143.

sant au Comité de Secours publics, il écrit le
31 décembre 1791 : « Il n'y a pas de ville qui ait
éprouvé des catastrophes plus affreuses que la nôtre,
relativement à la cherté des grains, et qui ait fait de
plus grands sacrifices. Nous oublions volontiers ces
sacrifices et nous voudrions pouvoir de même oublier
les scènes d'horreur dont nous avons été témoins ;
mais malheureusement la situation déplorable de nos
finances ne nous oblige que trop d'y penser, par la
crainte où nous sommes de ne pas trouver assez de
ressources pour le empêcher de se renouveler à la
première disette qui pourra subvenir (1).

Les Sœurs, *servantes des pauvres,* ne les abandon-
nèrent pas en ces tristes situations et si elles ne
pouvaient plus, pendant la Terreur, visiter leurs
malades en ville, elles les soignaient à l'hôpital.

L'agitation qui avait commencé à Bar par le meurtre
de Pélissier, s'accentua encore, l'esprit révolution-
naire envahit notre paisible cité. Le 22 avril 1792, on
célébra sur la place Saint-Pierre la fête de Mirabeau (2) ;
on effaça à l'église Saint-Etienne « tous les vestiges
de la féodalité » ; on démonta les armes du grand

(1) Dr Baillot, *op. cit.,* 71.

(2) Cette fête fut une parodie de la Fête-Dieu. On dressa des
reposoirs sur le parcours du cortège qui se rendit à l'église des
Augustins où l'on déposa le buste du « dieu de la révolution »,
avec force discours. *Inauguration du buste de Mirabeau.
Procès-verbal de la séance de la Société des amis de la
Constitution.* A Bar-le-Duc, chez Choppin, 1792.

balcon de la Maison Commune (1) ; l'arbre de la liberté fut planté sur la place en mai 1792 ; on fit sonner les cloches pour la fête civique le 1ᵉʳ novembre de la même année, etc. (2).

Jusqu'alors les Sœurs de Saint-Vincent de Paul et les Sœurs de Saint-Charles de l'hôpital avaient porté le costume religieux. Elles durent le quitter après la publication de ce placard :

AVIS

*du Conseil Général
de la Commune de Bar-sur-Ornin.*

Citoyens,

La loi du 18 août dernier retative à l'abolition des costumes particuliers ne s'exécute point. Des prêtres qui se disent constitutionnels ou qui jusqu'alors ont tâché de le faire croire, s'affublent toujours du costume distinctif des ecclésiastiques de l'ancien régime et font clairement apercevoir leur sécrète répugnance à se confondre, par leur mise, avec les citoyens.

Plusieurs de ces prêtres, au mépris scandaleux des Loix (*sic*) qui ordonnent et de l'opinion qui exige, ont encore l'imprudente faiblesse de porter le chapeau clérical et la calotte à reverbère : pour les soustraire à la sévérité de l'opinion républicaine, nous croyons

(1) Le Musée actuel.
(2) *Bibl. municip.*, cart. 70. Papiers Vaaché.

devoir, en pères compatissants (!) leur répéter les articles IX et X de la loi du 18 août qui dit : « Les « costumes ecclésiastiques, religieux et des congré- « gations séculières sont abolis pour l'un et l'autre « sexe, les contrevenans à cette disposition seront « punis par voie de Police correctionnelle, la pre- « mière fois d'une amende et, au cas de récidive, « comme délits à la sûreté publique. » Les ecclésias- tiques qui ont une si tendre affection pour leur ancienne garderobe devraient méditer mûrement les principes de l'égalité et se convaincre enfin que le mérite ne consiste pas dans les vêtements et une coëffure (*sic*) dont les souvenirs passés et les circon- stances présentes exigent de réprouver l'image même. Une ventouse sur le crane et un chapeau sans gance (*sic*) ne doivent plus être désormais l'enseigne équivoque de la confiance et des vertus.

Donné à Bar-sur-Ornin, en Conseil général de la Commune, le 25 octobre 1792, l'an Ier de la République Française.

Signé : Grodard, Chaudron, Adam, Robinot, Gar- nier, Parisot, Baillot notaire, Bardelle et Guérin, Procureur de la Commune (1).

Le Prieuré des Bénédictins, devenu propriété natio- nale (2), reçut, en l'an II, les femmes et les enfants

(1) *Bibl. municip.*, cart. 70, imprimé.
(2) Sursis à la vente des bâtiments du Prieuré, par arrêté du 10 février 1792. *Bibl. municip.*, cart. 70.

que ne pouvait contenir l'hôpital ; l'admission d'une grande quantité de militaires malades ou blessés nécessita ce changement (1) ; cet hôpital vit ensuite ses propriétés saisies, il demeura fermé pendant quelque temps. — L'Hôtel de Ville, désirant venir en aide aux malheureux, proposa de créer deux hospices, l'un au Prieuré pour les malades, l'autre au Couvent des Minimes, rue de la Rochelle (2) pour y recueillir les *Enfants de la Patrie* (enfants trouvés), si nombreux à cette époque par suite de l'inconduite et de la misère. L'Etat n'accueillit pas la proposition. Il fit vendre les bâtiments et jardins des Minimes (3) ; et la Ville dut, le 13 thermidor an IV, évacuer les vieillards et les jeunes garçons de l'hôpital pour les diriger au Prieuré, sous la garde des Sœurs de Saint-Vincent de Paul, et l'on transporta les femmes

(1) *Arch. de l'hôpital*, reg. 4.

(2) Le président Jean Vincent fit construire en 1573 une belle maison sur la rive gauche de l'Ornain, avec colombier et jardin environné de hautes murailles. Cette demeure fut, après lui, transformée en vaste auberge, à l'enseigne : *La Roche*. Elle échut en héritage à Dame Barbe Vincent de Génicourt, épouse de Noël des Fossés de l'Hostel, seigneur du Jard et autres lieux. Cette femme généreuse l'offrit aux Religieux Minimes pour y établir un couvent de leur ordre. La première messe y fut célébrée le 11 octobre 1618. Voir sur les Minimes : *Arch. Meuse*, H (1 carton) et Q, liasse 73. — Le marché couvert est sur l'emplacement du Couvent des Minimes.

(3) La maison fut vendue au sieur Brion pour la somme de 10.100 livres. La vente du très pauvre mobilier des religieux, y compris 4 petites cloches et un jeu d'orgues, produisit 998 livres, 25 sous. *Arch. Meuse.* Vente des biens nationaux.

et les petites filles à la Commanderie de Saint-Antoine (1).

Durant un certain temps, les Sœurs de Saint-Charles et les Sœurs de Saint-Vincent habitèrent ensemble au Prieuré. Nous trouvons, dans les *Archives de l'Hôtel de Ville,* leurs noms mêlés, sur les listes du temps (2). Le Prieuré était peu logeable, nous dit le Dr Baillot (3), et les religieuses y étaient bien à l'étroit avec leurs malades. C'était une construction moitié en bois, moitié en pierre, qui se composait de trois bâtiments avec de beaux greniers, trois caves, dont une sous l'église Notre-Dame, et un jardin de trois cent soixante-treize verges, traversé par un petit cours d'eau. — L'immeuble était délabré. Le premier bâtiment, situé entre deux cours, comptait trois chambres, une cuisine au rez-de-chaussée, et sept chambres avec deux cabinets au premier étage. — Le second bâtiment, séparé du troisième par une cour, comprenait une chambre à lessive, un cabinet, une remise et une écurie. — Le dernier bâtiment, placé à l'extrémité du jardin, consistait en un vaste emplacement occupé par

(1) *Les Ateliers de charité* avaient été établis dans la maison des Antonistes. En 1787, l'ancienne Commanderie fut réunie à l'hôpital.

(2) *Arch. municip.* Etablissements hospitaliers. DD, 234, 235. — Dans ces listes, l'orthographe des noms est à rectifier. — Aux six Sœurs de Saint-Vincent que nous avons nommées, il convient d'ajouter celles de Saint-Charles : les Sœurs Elisabeth Vivenot, Anne Féry, Anne Parisot, Françoise Fournier, Anne Laprel, Anne-Catherine Dieudonné.

(3) Dr Baillot, *op. cit.*, 35, 36.

des cuves et un pressoir. Des trois constructions, une seule était habitable ; aussi les bonnes Sœurs durent-elles faire des prodiges d'abnégation pour s'y confiner avec leurs pauvres.

M. Monard était administrateur de l'hôpital pendant les plus mauvais jours de la Révolution ; ses services furent appréciés (1).

Les principaux médecins et chirurgiens étaient le docteur Mécusson dont nous voyons le nom à la date du 5 ventôse an V ; le docteur Régnier, médecin adjoint le 6 floréal an V ; le docteur Moreau, chirurgien en chef le 3 brumaire an VII, etc.

Les Sœurs eurent pour chapelains : le P. Deray, ancien prieur des Augustins (2), puis le P. Nicolas Douel, ancien Prémontré de Serry (3). Du Prieuré, elles ne purent assister aux offices à Notre-Dame, puisque le clergé assermenté l'occupait (4). Fré-

(1) Nommé le 13 floréal an II, M. Monard occupa cette place jusqu'en 1807. Il mourut subitement le 1er juillet de cette année étant aux eaux de Sermaize.

(2) Charles-Alexandre Deray, prieur des Augustins de Bar en 1790 ; aumônier de l'hôpital le 14 avril 1791 lors de la démission de Pierre Bardot ; pourvu d'une cure le 4 juillet suivant ; assermenté et réconcilié à l'arrivée de Mgr d'Osmond ; curé de Savonnières-en-Perthois en 1803, de Bussy-la-Côte le 19 août 1805, † le 18 août 1807 à l'âge de 62 ans. Gillant, *Pouillé*, II, 81, 202, 321, 604 — et *état civil* de Bussy-la-Côte.

(3) Serry (Seriacum). Ancienne Abbaye de Prémontrés au diocèse d'Amiens. Chevin, *Dictionnaire des noms de lieux*, 268.

(4) M. Magot, ancien vicaire puis curé de Saint-Antoine, fut curé constitutionnel à Notre-Dame en mars 1791. -- Le culte

quemment, elles donnèrent asile aux prêtres fidèles qui, en secret et au péril de leur vie, exerçaient à Bar le saint ministère (1). Parmi eux, nous nommerons Jean Vast, vicaire de Laimont, que nous voyons administrer le sacrement de baptême à un enfant trouvé, en présence de toute la communauté de Saint-Vincent de Paul (2).

Bar-le-Duc et tout le Barrois furent très éprouvés par la famine de 1792 à 1795, les récoltes manquèrent presque complètement (3).

Les Sœurs n'avaient plus de secours à porter aux malades ; elles durent interrompre leurs visites. Les Dames de charité, ayant à leur tête Mlle Marie-Louise Derelinquant qui « toute sa vie prit soin des pauvres (4) », reprirent les quêtes à domicile ; et la plupart des secours distribués aux indigents étaient dus à leur dévouement et à leur générosité. Nous

---

cessa complètement dans cette paroisse du 31 décembre 1793 au 25 octobre 1795. Gillant, *Pouillé*, II, 183, note 3.

(1) Voir *M. Claude Rollet*, 22.

(2) Pièces justificatives, VI.

(3) Le 15 août 1793, le département fit délivrer 200 boisseaux de blé à la Ville de Bar où, le 3 octobre suivant, un entrepôt, désigné sous le nom de *Bulette,* fut établi, place de la Couronne, pour y vendre du pain à prix réduit, sur des bons délivrés par l'Hôtel de Ville. La quantité de grains assignée pour la nourriture de chaque habitant était fixée, le 21 mars 1794, à trente-trois livres six onces par mois et la quantité de farine à trente livres, le 28 août suivant. Dr Baillot, *op. cit.,* 66.

(4) Elle mourut le 12 septembre 1829, à l'âge de 73 ans « ayant toute sa vie pris soin des pauvres ». M. C. Rollet. *Actes de sépultures de St-Etienne.*

croyons devoir citer, dans le texte même de notre récit, cette pièce qui leur fait honneur :

« Nous, dames officières de la charité établie à Bar-sur-Ornain, par un mouvement propre..... de bonne volonté en faveur des pauvres infirmes et malades de cette ville, déclarons au citoyen Monard, receveur des Hospices civils, que nous avons dépensé, pour le soulagement des dits pauvres, dans le courant de vendémiaire, brumaire et frimaire dernier, la somme de cent quatre livres neuf sous six deniers en vendémiaire ; celle de cent six livres dix-sept sous six deniers en brumaire ; celle de cent quarante-huit livres treize sous en frimaire ; total, trois cent soixante livres. Laquelle somme a été recueillie par quête que nous avons faite chaque mois, de la bienfaisance volontaire des citoyens de Bar-sur-Ornain.

Ce 1er nivôse de l'an XII de la République.

Et ont signé : Louise Derelinquant, Louise Romécourt (1), Baillot-Pernet, Marie Pattin, Mélanie Warin, Vassart et de Marne-Rebouchez (2).

(1) Une autre Dame de charité de même nom : Antoinette de Romécourt, mourut le 22 septembre 1812, à l'âge de 34 ans. Elle était fille de Pierre Mouzin de Romécourt, procureur général de la chambre des Comptes et de Marguerite de Lamorre. A ses funérailles assistèrent les Dames de charité et « les pauvres qu'elle avait servis près de cinq ans dans la Congrégation des Filles de la Charité où elle avait perdu la santé ». M. C. Rollet. *Actes de sépultures de la paroisse St-Etienne.*

(2) Cité par le Dr Baillot, *op. cit.*, 260.

Après la Révolution, les Sœurs de Saint-Vincent de Paul reprirent le costume de leur Congrégation (1). Elles furent les premières à se réorganiser sur toute la surface de la France. En 1809, elles avaient cinq communautés dans le diocèse (2) : Vic, Rambervillers, Saint-Dié, Verdun et Bar-le-Duc (3). On revit alors dans nos rues cette cornette blanche si sympathique à tous ; mais ce fut pour peu de temps.

Deux Communautés ne pouvaient subsister dans les bâtiments du Prieuré (4) où venaient d'être réunies les deux sections de l'hospice Saint-Denis et Saint-Vincent. Le local de la rue du Bourg avait été vendu (5), l'Etat s'était emparé de ses biens (6), et,

---

(1) Le 22 juillet 1804, les Sœurs de Saint-Charles avaient repris l'habit religieux à la Maison Mère de Nancy et, à la même date, dans leurs autres maisons.

(2) On sait que Bar-le-Duc, Verdun, faisaient alors partie du diocèse de Nancy.

(3) Eug. Martin, *Hist. du diocèse de Nancy*, etc., III, 283.

(4) Le Prieuré, considéré comme propriété nationale en 1791, fut cédé à la Ville par décret de Napoléon en 1807.

(5) La Maison de charité fut vendue le 27 germinal an III (16 avril 1795) à Christophe Pattin, au prix de 35.000 livres payables en assignats. *Arch. Meuse*. Vente des biens nationaux. Acte nº 1474.

(6) L'Etat s'appropria les ressources de la Maison de charité qui consistaient en une somme de *trente mille cent cinquante cinq livres*, cours de France, placée en rente sur particuliers ; en un droit du dixième de l'exploitation de cinq arpents de bois dans une forêt dépendant de la seigneurie de Dammery — par arrêté du Conseil daté du 12 janvier 1782 — ; en une rente de *douze cents livres* cours de France, léguée par Stanislas, pour être employée par moitié à la stipende des méde-

par conséquent, était supprimée ce que l'on appelait la *Maison de charité pour l'assistance des pauvres malades à domicile* (1). Provisoirement, les Sœurs de Saint-Vincent avaient été reçues au Prieuré, mais ne devaient en aucune façon, pour répondre au but de leur établissement à Bar, s'occuper, en quoi que ce soit, de l'hospice. De plus, la proximité de Nancy était plus favorable aux déplacements des Sœurs de Saint-Charles. La Commission administrative de l'hôpital avoue, en cette circonstance, éprouver *un sentiment bien pénible* ayant à choisir entre deux Congrégations dont elle loue l'égal dévouement (2). Par délibération du 21 juin 1811, pour les raisons énoncées plus haut, elle donna la préférence à la Congrégation Lorraine et le 27 juin suivant : « Considérant, dit-elle, que depuis 1792, les Sœurs de Saint-Vincent ont desservi l'une des sections de l'hospice avec zèle et désintéressement, qu'elles ont mis dans leurs soins envers les pauvres malades la plus grande douceur et la plus parfaite assiduité », la commission témoigne « ses regrets de ne pouvoir les conserver aux indigens de cette ville qu'elles ont assistés depuis plus d'un siècle et ne pouvant assez leur en marquer toute

cins chargés de soigner les malades et moitié aux malades eux-mêmes par les soins des Dames de charité, sous la surveillance du curé de Notre-Dame et de l'Administrateur des établissements de charité.

(1) *Arch. de l'hôpital*, reg. 4, délib. du 17 juin 1811.
(2) *Arch. de l'hôpital*, id., *ibid.*

sa reconnaissance, veut contribuer à rendre commode leur voyage de Bar à Paris, etc. » Elle vota une somme de 500 francs pour le retour des Sœurs (1).

La vaillante Sœur Catherine Rorère, entourée des Sœurs Seilliers, Cavel, Nègre et Couchu, en résidence alors à Bar, reçut les hommages de tous ceux qui les avaient connues, vues à l'œuvre et appréciées ; elles reprirent le chemin de la Maison Mère où d'autres labeurs les attendaient.

La *Maison de charité* ne disparut pas tout entière. Les Sœurs de Saint-Charles, attachées depuis au Bureau de Bienfaisance, visitèrent les pauvres à domicile tout en continuant à habiter l'hospice. — En 1893, grâce à la générosité de plusieurs personnes et surtout d'une famille bien connue à Bar-le-Duc, une nouvelle Maison de charité, communément appelée *Dispensaire Saint-Joseph,* permit aux Sœurs de Saint-Charles, non seulement de continuer l'œuvre confiée jadis aux Sœurs de Saint-Vincent de Paul, mais de l'augmenter considérablement. Au lieu de cinq ou six religieuses, on en compte aujourd'hui une douzaine au service des pauvres malades de notre cité ; on peut les voir à toute heure parcourir les différents quartiers, soigner les malades, les visiter le jour, les veiller la nuit, adoucir leurs derniers moments, leur rendre tous les services que peut

(1) *Arch. de l'hôpital*, reg. 4, délib. des 21-28 juin 1811.

inspirer un inlassable dévouement, une vigilance toujours en éveil, et demeurer, ces Lorraines, populaires et vénérées de tous dans notre bonne ville de Bar-le-Duc.

Car, s'il est des points de vue qui divisent, s'il existe inévitablement des contradictions et des discordes, si l'on ne s'entend pas sur beaucoup de questions surtout en politique, on rend justice du moins, dans notre pays, aux bienfaiteurs des malheureux et l'on reconnaît que ces femmes-là font *œuvre de paix*. N'y a-t-il pas une chose, parmi nous, qui appelle toujours la sympathie et qui unit tous les bons cœurs ? n'est-ce pas le dévouement pour l'humanité souffrante et l'amour du pays natal, autrement dit la charité chrétienne et le patriotisme ?

PIÈCES JUSTIFICATIVES

PIÈCES JUSTIFICATIVES

I

Les Béguines de Bar-le-Duc.

On lit, dans les papiers de la Chambre des Comptes, 1477-1479 : Les commissaires envoyés à Bar, par le roi de Sicile, font délivrer « un cent de carpes aux Frères pieds deschaulx de Saint Martin de Bar et aux Béguines » de la même ville. *Archives Meuse.* B, 700.

1491. — Le Duc contribue à la nourriture et à l'entretien des Sœurs Béguines du Couvent de Bar. B, 822.

1500-1501. — Petit Couvent des Béguines. B, 525.

1502-1503. — Secours accordé aux Béguines du Petit Couvent pour augmenter leurs constructions. B, 527.

1507-1508. — Les Béguines établissent une chapelle. B, 528.

1513-1514. — Don, par la reine de Sicile, aux Sœurs Béguines du Petit Couvent de Bar, d'une tonne de harengs pour passer leur Carême. B, 619.

1516-1517. — Don de 12 livres aux Béguines pour les aider à agrandir leur maison. B, 537.

1554. — Les comptes du Petit couvent. — Dom Charles Perron, proviseur du Petit couvent parle d'un « petit gagnage situé sur le finage de Rembercourt-au-Pot, qui rend chaque année un muid moitange pour entretien d'un religieux ou prestre qui fait le service » du Petit couvent. B, 2972.

II

Lettre du R. P. Roussel,
recteur du Collège des Jésuites de Bar
à S. Vincent de Paul.

Février 1640.

« Vous avez appris la mort de M. de Montevit que vous avez envoyé ici. Il a beaucoup souffert en sa maladie, qui a été longue et je puis dire sans mensonge que je n'ai jamais vu une patience plus forte et plus résignée que la sienne : nous ne lui avons jamais ouï dire aucune parole qui fût une marque de la moindre impatience; tous ses discours ressentaient une piété qui n'étoit pas commune. Le médecin nous a dit fort souvent qu'il n'avoit jamais traité de malade plus obéissant et plus simple. Il a communié fort souvent dans sa maladie, outre les deux fois qu'il a communié en forme de viatique. Son délire de huit jours entiers ne l'empêcha pas de recevoir en bon sens l'extrême-onction, il le quitta quand on lui donna ce sacrement et le reprit incontinent après qu'on le lui eut donné. Enfin il est mort comme je désire et comme je demande à Dieu de mourir. Les deux Chapitres de Bar honorèrent son convoi, comme aussi les Pères Augustins; mais ce qui honora le plus son enterrement, ce furent 600 à 700 pauvres qui accompagnèrent son corps, chacun un cierge à la main et qui pleuroient aussi fort que s'ils eussent été au convoi de leur père. Les pauvres lui devaient bien cette reconnaissance : il avoit pris cette maladie en guérissant leurs maux et en soulageant leur pauvreté ; il étoit toujours parmi eux et ne respiroit point d'autre air que leur puanteur. Il entendoit leurs confessions avec tant d'assiduité et le matin et l'après-dîner que je n'ai jamais pu gagner sur lui qu'il prît une seule fois la relâche d'une promenade.

« Nous l'avons fait enterrer auprès du confessionnal où il a pris sa maladie, et où il a fait le beau recueil des mérites dont il jouit maintenant dans le ciel. Deux jours avant qu'il mourut, son compagnon tomba malade d'une fièvre continue qui l'a tenu dans le danger de la mort l'espace de huit jours ; il se porte bien maintenant. Sa maladie a été l'effet d'un trop grand travail et d'une trop grande assiduité auprès des pauvres. La veille de Noël, il fut vingt-quatre heures sans manger et sans dormir ; il ne quitta le confessionnal que pour dire la messe.

« Vos Messieurs sont souples et dociles en tout, hormis dans les avis qu'on leur donne de prendre un peu de repos. Il croient que leurs corps ne sont pas de chair ou que leur vie ne doit durer qu'un an.

« Pour le Frère, c'est un jeune homme extrêmement pieux ; il a servi ces deux prêtres avec toute la patience et assiduité que les malades les plus difficiles eussent pu désirer, etc. »

Lettre de Saint Vincent de Paul
à M. Le Breton, à Rome.

26 février 1640.

« ... Dieu a disposé de notre bon feu M. de Montevit que vous avez connu au Séminaire. Sa mort est arrivée à Bar-le-Duc, en réputation d'un saint, au collège des Jésuites qui nous ont fait la charité de le retirer chez eux avec un autre Frère, tandis qu'il travailloit à la nourriture corporelle de cinq à six cents pauvres... Le R. Père Recteur m'en écrit des choses notables, etc. »

III

Dons faits à la Maison de Charité.

1º Mᵐᵉ la comtesse Dessalles, le 6 mai 1712, a fait don à la Maison de charité établie à Bar-le-Duc, d'une somme de 2.088 francs (1).

2º Mˡˡᵉ de Rizaucourt, décédée le 30 août 1739, légua par testament « dix livres à la Charité et autant à l'hôpital (2) ».

3º Le président Vincent, par donation faite le 11 août 1749, une rente de 80 livres de Lorraine, pour être distribuée aux pauvres par les soins des PP. Augustins, en présence du gouverneur de l'Hôtel-Dieu.

4º Marie Grandidier, veuve de Claude Gattinois, par donation faite le 28 janvier 1765, 188 livres.

5º Marie-Louise Thirion, par donation faite le 12 juin 1776, 1.000 livres.

6º Nicolas Husson dit Bermont, par contrat du 8 avril 1780 au profit de la Charité de Bar, une rente annuelle et perpétuelle de 60 livres cours de France au principal de douze cents livres (3).

7º Nicole Anchier, femme de Nicolas Hannotin, le 4 juin 1781, 500 livres.

(1) *Arch. nat.* S. 6.161.
(2) *Le Testament de Mˡˡᵉ de Rizaucourt*. Mém. de la Soc. des lett. sc. et arts. III. 1907-1908.
(3) *Archives Meuse*, série Q. Inv. commune de Bar.

8° Mme de Tonraire, un legs important fait le 21 mai 1782, sur la rente duquel 40 livres devaient être prélevées, chaque année, au profit du prêtre qui serait chargé, suivant ses intentions, d'aller un jour par semaine, instruire les prisonniers des vérités de la religion.

9° Charles Colin de Contrisson, évêque des Thermopyles, en 1784, un capital de 2.583 livres six sous six deniers de Lorraine.

10° Mlle Monique Godelaire, par testament du 28 mars 1788, un capital de 936 livres à la Maison de charité, dont l'usufruit appartient au sieur François (1).

(1) *Archives Meuse*. Hôpitaux de Bar (fonds non classés).

IV

Compte-rendu de M. de Mellet-Réjaumont
curé de Notre-Dame.

L'an mil sept cent soixante-onze, année très dizetteuse, tout le clergé de Bar-le-Duc, tant séculier que régulier, la Chambre des comptes, le Baillage, tous les différents corps de marchands, etc., etc., en un mot tous bons citoyens, se sont cottisés par mois pour subvenir aux frais d'une soupe économique qu'on a donnée depuy le premier jour de janvier jusqu'au dernier d'août à huit cens pauvres chaque jour. Cette soupe s'est faite à la ville haute au Château par les soins infatigables des dames de cette partie de la paroisse, entre lesquelles on a remarqué la charité vraiment ingénieuse et chrétienne de Mme de Saint-Baussant, etc. MM. les Vicaires fesoient la collecte des deniers touts les mois dans leurs quartiers et ce n'étoit pas la plus petite besogne. M. de Vyart-Salvange étoit l'Econome et le pourvoyeur, fonction dont il s'est acquitté avec l'admiration de tout le monde. Cette soupe se fesoit avec des pommes de terre, du riz, du pain, etc. On en a remarqué les effets merveilleux, il y a eu beaucoup moins de maladies et de morts, je ne dis pas que dans des années d'une semblable dizette, mais encore que dans les années communes.

Cette soupe ne paroissant pas un secours suffisant (quoique chaque pauvre eut la valeur d'une livre et demie) après Pâques, on s'est encore cottisé pour donner touts les jours une livre et demie de pain à chaque pauvre, et cela à un sol par livre à meilleur marché que chez les boulangers. Les dames de la ville basse présidoient à la cuisson dudit pain et les Messieurs de la même partie de la paroisse presidoient par tout à la distribution qui se fesoit par des billets dans la maison du sieur Tabouillot, orfèvre, qui avoit bien voulu la prêter. Par tous ces secours, les pauvres se sont trouvés mieux secourus que dans les meilleures années. Les citoyens ont d'autant plus de mérite qu'ils sont eux-mêmes pour la plupart fort obérés, les vignobles, leur unique ressource, les ruinant depuis cinq ans, par les façons qu'il faut leur donner, loin de les enrichir par de bonnes récoltes.

La moisson étant survenue et ayant été assez abondante en blé, on a cessé de donner les deux secours aux pauvres. On a employé le reste de l'argent de la soupe, savoir douze louis au bouillon des pauvres malades, et le reste au pain économique savoir cinquante louis environ dont M. Robert-Gouiter s'est trouvé dépositaire après une gestion admirable, a été employé à fournir l'apoticairerie et la lingerie de la Charité. Le tout s'est fait à la plus grande gloire de Dieu et au grand soulagement des pauvres. Nous n'avons pu qu'admirer le zèle de nos paroissiens que nous n'avons pas été dans le cas d'exciter par nos invitations, trop heureux d'avoir pu contribuer nous-mêmes à la bonne œuvre. C'est ainsi que Dieu permet des maux pour en tirer de grands biens. Puissent nos successeurs imiter un si rare exemple qu'il mérite de parvenir à la dernière postérité. C'est pour cela que nous l'avons consigné sur les registres le quinze de janvier mil sept cens soixante et douze (1).

J.-P. DE MELLET-RÉJAUMONT,
curé de Bar-le-Duc.

(1) *Arch. municip.*, G.-G. 27. Reg. par. N.-D., f⁰ 77, v⁰. et *Mém. de la Soc. des lett., sc. et arts.* 1908, LXXX à LXXXII.

V

Réclamations des habitants de Bar
au sujet du culte.

L'Etat avait renvoyé les religieux; les habitants de Bar veulent conserver leurs prêtres séculiers, desquels ils disent qu' « ils n'ont d'autre titre que leur communalité et celuy de l'usàge autorisé pour le plus grand bien de la ditte paroisse (N.-D.). Leur conservation, ajoutent-ils, est aussi légale que nécessaire et profitable aux paroissiens. » Les pétitionnaires réclament de *Messieurs les présidents, officiers de la municipalité du district du département séant en la ville de Bar-le-Duc,* qu'il leur « plaise ordonner que les ornements et linges d'icelle soient réparés », qu'on leur laisse ou leur fournisse tout ce qui est indispensable au service divin, etc.

Dans une seconde pétition, les mêmes paroissiens demandent « l'acquittement des messes de fondation et de tous les offices d'usage », ils désirent voir continuer la pratique « chaque jour de l'année d'une messe matutinale (sic) fondée pour les ouvriers et voyageurs. »

Une autre pétition des « citoyens de la section du midi » réclame un peu après, d'une façon plus pressante encore, l'église Saint-Pierre pour y rétablir le culte. En l'an II, ils disent qu' « ils n'ont pas renoncé à leur culte, les protestations authentiques qu'ils ont faites au moment où il sembloit qu'on vouloit l'anéantir en est une preuve convaincante, disent-ils (1). »

(1) *Arch. municip.*, GG., 1, 2.

VI

Baptême au Prieuré pendant la Révolution.

L'an mil sept cent quatre-vingt quinze, le vingt cinquième jour de novembre, par devant moi, Jean Vast, vicaire de Laimont, diocèse de Toul, étant dans la maison du prieuré de Notre-Dame de Bar, même diocèse, maison dite hopital civil, se sont présentées les Sœurs Catherine Rorère, supérieure des Filles de la Charité de l'Institut de S. Vincent de Paul, administratrices du dit hopital, Marie-Magdelaine Evenot, Josèphe-Louise Seilliers et autres du même institut, administratrices du même hopital, lesquelles m'ont exposé que le treizième jour de novembre dernier, il est entré dans la dite maison un enfant mâle, ayant l'apparence d'avoir environ cinq à six mois, qui venait d'être trouvé depuis trois jours exposé dans une étable au village de Chancenay, qu'il était bien probable ou du moins fort à craindre que cet enfant n'avait pas été baptisé, qu'il était de la dernière importance de lever tout doute dans un point si nécessaire au salut, et en conséquence ont requis que je prêtasse mon ministère pour lui conférer le sacrement de Baptême. En conséquence, je, susdit prêtre, lui ai conféré sous le nom d'Emmanuel-Gabriel, le sacrement de Baptême sous condition de nullité, avec toutes les cérémonies prescrites par l'Eglise, en présence des susdites administratrices du dit hopital, de Jean-David-Ferdinand Heidenhemer, paroissien de Saint-Etienne, faisant les fonctions de parrain et de Gabrielle Gallois, paroissienne de Notre-Dame du dit Bar, avez moi soussignés.

Catherine Rorère, fille de la Charité. — Hélène Eveno, fille de la Charité. — Philiberte Labourut, fille de la Charité. — Françoise Piperoux, fille de la Charité. — Marie- Louise-Josèphe Seilliers, fille de la Charité. — Jean-David-Ferdinand Heidenhemer et Vast, vicaire de Laimont.

Communication due à l'obligeance de M. le chanoine Langlois, curé de Saint-Etienne.

Nous avons vu que les sœurs de Saint-Charles habitaient au Prieuré pendant la Révolution, en même temps que les sœurs de Saint-Vincent de Paul. Il est bon, je crois, d'ajouter quelques mots sur trois religieuses de la Congrégation lorraine qui traversèrent la tourmente avec un grand courage et qui, durant de longues années, se dévouèrent aux malades à l'hôpital de Bar-le-Duc.

Anne Pierrot (*Sœur Liduvine*), était supérieure en 1757 ; elle continua sa charge pendant et après la Révolution. A sa mort, survenue le 7 avril 1808, — elle avait 91 ans — M. Rollet, curé de Saint-Etienne, écrivit à la Supérieure générale à Nancy :

« MADAME LA SUPÉRIEURE,

« Nos sœurs de Saint-Charles de Bar ne sont pas en état, vu la douleur qu'elles éprouvent, de vous annoncer la mort de la très chère sœur Liduvine Pierrot, leur économe, qui est décédée hier vers onze heures du matin, après quelques jours de maladie. D'ailleurs la sœur Dosithée est elle-même convalescente, et la sœur Eulalie est encore très malade. Je me suis chargé, comme ami de la maison, de vous prévenir de cette mort et de vous exprimer toute la peine de la communauté.

« J'ajouterai pour mon compte que, depuis trente ans, la chère sœur Liduvine m'honorait de son amitié, que ma vénération pour elle a toujours été sans bornes, parce que je n'ai jamais connu de personne plus vertueuse, plus estimée de ses compagnes, plus chérie des pauvres, plus honorée de la ville que cette brave sœur.

« Je souhaite, Madame, par l'intérêt que je porte à votre précieuse congrégation, que la Providence vous procure beaucoup de sujets qui marchent sur les traces de cette révérende mère, dont la mémoire ne s'effacera jamais de mon cœur et que je crois être dans le ciel.

« Je suis avec respect, etc.

« C. Rollet,
curé de la Ville Haute (1). »

7 avril 1808.

Anne-Catherine Dieudonné (*Sœur Dosithée*), née à Flavigny-sur-Moselle, passa aussi à Bar les mauvais jours de la Révolution. Elle succéda à Sœur Liduvine dans le supériorat en 1808 et n'exerça pas longtemps cette charge. Elle mourut le 14 mai 1811, à 62 ans.

Voici la lettre de la Commission de l'hôpital :

Bar-sur-Ornain, le 15 mai 1811.

Les administrateurs de l'hospice civil de Bar-sur-Ornain.
A Madame la Supérieure
de la Congrégation de Saint-Charles.

« Madame,

« L'hospice de cette ville vient de faire une perte que nous sentons vivement. La chère sœur Dosithée est dé-

____

(1) *Lettre communiquée par la Maison Mère des Sœurs de Saint-Charles.*

cédée hier à six heures du matin, nous venons de lui rendre les derniers devoirs ; elle emporte les regrets et l'estime de tous ceux qui l'ont connue. Elle laisse ses compagnes dans une profonde douleur, les pauvres et les orphelins dans le deuil. Avec quelle aménité elle vivait avec ses sœurs, quelle douceur et quelle bonté elle mettait dans ses soins envers les pauvres ; avec quelle exactitude et quelle ponctualité elle remplissait tous les devoirs de son état ; quel ordre et quelle économie elle apportait dans l'administration de la maison ; quelles connaissances elle a montrées dans la pharmacie qu'elle a tenue pendant un grand nombre d'années.

Telle était celle que nous regrettons et dont nous vous demandons aujourd'hui le remplacement. C'était un sujet rare ; nous souhaiterions, Madame, que celle que vous honorerez de ce choix et que nous vous prions de nommer très incessamment, réunisse les qualités que possédait sœur Dosithée ; elle aura à se trouver à la tête d'un établissement assez considérable, puisque les deux maisons dans peu seront réunies. Nous aurons également besoin de deux autres sœurs, dont une pharmacienne ; nous vous prions de nous marquer, avant de nous adresser ces deux sœurs, l'époque à laquelle elles pourront nous arriver, nous avons besoin de le savoir.

« Nous vous prions, Madame la Supérieure, d'agréer l'assurance de nos sentiments respectueux,

« *Signé :* Brichart, Saunois, Grodart, Pierre (1).

(1) *Lettre communiquée par la Maison Mère des Sœurs de Saint-Charles.*

Elisabeth Vivenot (*Sœur Sébastienne*) est née à Vélaines, en 1760.

Elisabeth entra en religion à l'âge de 20 ans. Jeune sœur lors de la Révolution (1), elle fut plus tard économe de l'hôpital et ensuite supérieure en 1812, succédant à Marguerite Pigot (*Sœur Anastasie*), supérieure en 1811, décédée le 21 octobre 1812.

Sœur Sébastienne se signala pendant les guerres de l'Empire en prodiguant ses soins aux militaires blessés et fut décorée de l'*Ordre du Mérite* par le roi de Prusse, qui lui écrivit en ces termes :

A la Supérieure de l'Hospice de Bar-le-Duc,
Sœur Elisabeth Vivenot.

« Vous, ainsi que les autres sœurs qui forment votre communauté, avez montré tant d'humanité et d'abnégation de vous-même dans la conduite que vous avez tenue, en 1814, vis-à-vis de mes soldats blessés et malades, que je n'ai pu qu'en éprouver beaucoup de satisfaction et désirer de vous en témoigner ma reconnaissance. Pour cet effet, je vous ai conféré, comme à la Supérieure de la communauté, une médaille du *Mérite* qui s'attache à un *ruban blanc* et que je vous envoie ci-jointe, vous priant de la porter comme un témoignage extrême que je fais de vos vertus et de celles de vos sœurs qui, ainsi que je m'en flatte, se trouveront en quelque sorte récompensées elles-mêmes par la distinction accordée à celle qui les représente.

FRÉDÉRIC GUILLAUME.

Postdam, le 15 octobre 1817.

(1) On dit qu'elle fut emprisonnée pour la foi, mais nous n'avons pas trouvé son nom sur les listes officielles.

Cette lettre, ainsi que la médaille, fut transmise par le grand chancelier de l'Ordre royal français de la Légion d'honneur.

Paris, le 16 mars 1818.

« J'ai l'honneur de vous informer, Madame, que, sur mon rapport et par la décision du 14 de ce mois, le roi a daigné vous autoriser à accepter et à porter la médaille du Mérite qui vous a été décernée par Sa Majesté le roi de Prusse.

« Recevez, Madame, l'expression de mon respect.

« Le grand chancelier de l'Ordre royal de la Légion d'honneur à Paris.

« MACDONAL (1). »

Nous n'avons pas besoin d'ajouter que — pour bien des raisons — la médaille ne fut jamais portée.

On pourrait appliquer à Sœur Sébastienne ces paroles qu'un docteur de l'hôpital prononçait aux obsèques d'une autre Sœur de charité : « Elle ne cherchait guère les honneurs ou la reconnaissance : elle a vécu modestement, se plaisant à passer inaperçue, et les meilleures journées de sa vie ont été celles où le travail fut le plus pénible et le devoir le plus difficile (2). »

Nous trouvons les informations suivantes, sur cette modeste et vaillante sœur, dans les *Archives* de la Congrégation : « *Notre chère Sœur Sébastienne Vivenot...*

----

(1) *Hist. de la Congrégation des Sœurs de Saint-Charles*, t. ii, pp. 117, 118. Nancy. Vagner.

(2) Dr Ficatier. *Paroles d'adieu prononcées sur la tombe de Mme Lorang, Marguerite, en religion sœur Josépha, attachée au service de chirurgie de l'hôpital civil de Bar-le-Duc.* 24 novembre 1907.

était à Bar-le-Duc depuis de longues années. Ses dernières forces ont été consacrées aux pauvres qu'elle aimait tendrement. Elle a été un exemple vivant de charité, d'humilité, de dévouement pour ses devoirs et de respect à l'égard de ses supérieures. Elle était saintement avide de travaux et de mortification. Sa foi, ses sacrifices et ses bonnes œuvres ont constamment édifié ses compagnes qui la regrettent, ainsi que ses supérieures. »

Sœur Sébastienne mourut d'une fluxion de poitrine, le 22 octobre 1851, à l'âge de 91 ans.

Photographe Rouet.   Clichés Malvaux.

NOS VIEILLES SCULPTURES

L'écusson armorié se trouve sur le mur d'un petit bâtiment qui donnait sur le jardin de la Maison de charité, formant dépendances avec foulerie, lavoir, chambre à four, etc., de l'immeuble appartenant à la famille de Marne. Bernard de Marne, conseiller du roi, vendit une partie de ces dépendances à Etienne Boinette le 29 octobre 1767. Charles de Marne, ancien chanoine du chapitre noble de Saint-Maxe, chevalier, et Xavier-Frédéric de Marne, ancien colonel de cavalerie, chevalier de l'ordre royal et militaire de Saint-Louis, commandeur de l'ordre de Saint-Hubert, vendirent en deux lots ce qui restait des bâtiments le 21 mars 1820 à MM. Aubry-Michel et Maxe-Martin. Le tout appartient aujourd'hui à M. Bock, propriétaire aussi de l'immeuble de la rue du Bourg, ancienne Maison de charité.

Les armoiries sont celles de Gaynot de Combles. Cette famille tenait sa noblesse de la reprise maternelle, faite aux termes de la coutume de Bar, en l'année 1598, par Pierre et Marguerite Gaynot du côté d'Henriette de Combles leur mère, d'extraction noble, femme de Nicolas Gaynot demeurant à Bar. *Pierre* épousa Isabeau Grandidier et fut *maire de Bar*.

Ces armoiries furent reprises au xviie siècle par les

Guaynot, les Symonin et les Cachedenier de Vassimon. La famille de Marne descend par les femmes de Gaynot de Combles. — Voir *Journ. de Gabr. Le Marlorat*, p. 127, fig. 22 et 24. — *Nobiliaire de Bar-le-Duc* de 1771, pp. 71, 72.

Les deux cariatides doivent provenir d'un encadrement de fenêtre ou d'une cheminée du xviie siècle (genre de la maison dite des *Deux Barbeaux*). Le lecteur voit qu'elles sont bien mutilées ; et l'est encore davantage la Vierge de Pitié encastrée dans le mur ; ce fragment, d'une facture grossière, remonte à une époque plus ancienne.

Renseignements dus à l'obligeance de M. le pasteur Dannreuther.

Nous tenons à exprimer ici notre reconnaissance à M. d'Arbois de Jubainville, qui a bien voulu revoir les épreuves de ce petit travail ; à M. Vigo pour son obligeance à nous montrer les archives municipales ; à M. le chanoine Gillant, curé d'Auzéville, et à tous ceux qui nous ont procuré quelques documents. Des remerciements aussi à M. Bock qui, aimablement, a autorisé la reproduction des vieilles sculptures trouvées dans sa maison.

TABLE

Pages.

BAR-LE-DUC. — IMPR. SAINT-PAUL

36, BOULEVARD DE LA BANQUE. — 3425,4,10.

BIBLIOTHEQUE NATIONALE DE FRANCE
3 7531 029186662 5

* 9 7 8 2 0 1 3 4 1 7 9 9 0 *